AF315585

RÉPONSE

A M. DUPIN, AVOCAT,

SUR

LE DROIT D'AINESSE.

LE NORMANT FILS, IMPRIMEUR DU ROI,
rue de Seine, n° 8, F. S. G.

RÉPONSE

A M. DUPIN, AVOCAT,

SUR

LE DROIT D'AINESSE,

SUIVIE

DE QUELQUES REMARQUES

Suggérées par les écrits de M. Persil, avocat à la Cour royale de Paris,
et de M. Duvergier de Hauranne, ex-député.

Par M. Thiébault,

LIEUTENANT D'ETAT-MAJOR ATTACHE A LA GARDE ROYALE.

« C'étoit une bonne loi pour la démocratie que
celle qui défendoit deux hérédités »
MONTESQUIEU, *Esprit des Lois*, l. V, ch. V.

PARIS.

TOUS LES MARCHANDS DE NOUVEAUTÉS.

1826.

A MON FRÈRE.

Mon ami,

Tu as sans doute lu la brochure que M. Dupin vient de publier sur le droit d'aînesse, et qu'il a dédiée à ses frères. Je pourrois te dire comme lui, que *notre mère ne nous confia point à des mercenaires, qu'elle nous nourrit de son lait,* et je pourrois ajouter, en le copiant encore, que *je ne me suis aperçu que j'étois ton aîné que parce que j'ai pu t'aimer le premier.*

Ma qualité de fils aîné ne m'a cependant pas empêché de publier une brochure ayant pour titre : *Influence d'une noblesse héréditaire, et du Droit de primogéniture sur la civilisation et la liberté.* Mais tu me connois assez pour savoir que si notre frère aîné eût vécu, cette circonstance n'eût pas changé ma manière de voir. En Angleterre, il n'est pas rare d'entendre des fils cadets défendre le droit d'aînesse, parce qu'avant tout ils aiment la patrie, savent que l'état de société modifie l'état de nature ; que l'intérêt de la masse impose des sacrifices aux individus ; que les familles se doivent à l'État comme nous nous devons tous à nos familles ; que les affections privées doivent être en harmonie avec les devoirs de citoyens, et qu'une vertu toute républicaine peut devenir fort dangereuse dans une monarchie.

Je n'ai pas dit dans cette brochure, que comme frère je voudrois voir un tel ordre de choses établi ; je n'ai pas dit que comme père, et pouvant avoir plusieurs enfans, mon cœur ne souffriroit peut-être pas un jour d'une telle obligation. Mais il ne s'agit ni de moi, ni de toi, ni d'aucun individu, mais de l'Etat, du prince et de nos libertés publiques. Aussi, respectant les idées dans lesquelles nous avons grandi, mon opinion exprimée page 52, est *qu'il nous faut nous oublier, mais travailler pour nos enfans.*

M. Dupin « abjure d'avance, et sous le sceau de » l'honneur, toute inégalité qu'une loi quelconque » viendroit établir entre lui et ses frères. » Moi, qui depuis que j'ai un état n'ai pas coûté un sou à ma famille ; qui ai su vivre avec une solde de sous-lieutenant ; qui ai subi le sort autrefois réservé aux cadets des maisons pauvres ; qui n'ai aujourd'hui que la fortune de ma femme, je ne désire posséder un jour que ma part. Le système d'égalité que je combats me convient donc personnellement. Et jusqu'où ai-je jamais poussé mes prétentions d'aînesse? S'il plaisoit à notre père de faire pour moi ce qu'il a fait pour ses filles mariées, je m'estimerois fort heureux.

Blois, ce 4 mars 1826.

Adolphe THIÉBAULT.

RÉPONSE

A M. DUPIN, AVOCAT,

SUR LE DROIT D'AINESSE.

§ Ier.

« Pourquoi cet écrit? »

JE pourrois dire pourquoi ce second écrit, puisqu'à la fin de 1825 je fis paroître sur le sujet important qui nous occupe aujourd'hui, une brochure de 140 pages.

J'étois en effet bien persuadé que la progression dans laquelle la terre continuoit à se subdiviser devoit fortement occuper le Roi ; que cette plaie seroit cicatrisée sous son règne, et je ne me suis pas trompé.

Ce second écrit sera donc le complément du premier.

M. Dupin cite à chaque instant la Bible et

l'Esprit des Lois : je veux aussi tirer beaucoup de ces deux livres, et je vais suivre l'auteur pas à pas.

Ce qui m'a le plus étonné dans l'ouvrage que j'ai sous les yeux, c'est le silence qui y est observé à l'égard de l'Angleterre ; de ce pays qui nous présente le tableau vivant des substitutions, où fleurissent et la puissance du Roi, et la liberté des peuples, et le commerce, et le droit de primogéniture, et les droits naturels, et les droits politiques ; où tout est compris, tout est fixé, tout est à sa place.

Consultons Montesquieu.

« Dans l'état de nature, dit-il, les hommes » naissent dans l'égalité ; dans l'état de so- » ciété, ils ne redeviennent égaux que par la » loi [1],

» Autant que le ciel est éloigné de la terre, » autant le véritable esprit d'égalité l'est-il de » l'esprit d'égalité extrême [2].

» La vertu est nécessaire aux républiques ; » l'honneur est le principe du gouvernement » monarchique [3].

» Qui le diroit ! la vertu a besoin de li- » mites [4]. »

---

1 L. VIII ch. III — 2 *Id.* — 3 *Id.* — 4 *Id.*

§ II.

« Objet du projet de loi. »

« LE projet de loi consacre le rétablissement » du droit d'aînesse et des substitutions », dit M. Dupin. Mais ces deux mots expriment aujourd'hui des choses pour ainsi dire nouvelles. La Normandie a donné ses coutumes à l'Angleterre : sur le continent elles ne protégeoient que des individus; dans cette île, elles sont devenues le palladium des libertés publiques. L'Angleterre aujourd'hui semble nous les rendre : le Roi nous les offre modifiées ; sachons donc les apprécier. Acceptons-les, et faisons-en, comme elle, un bon usage. Oublions nos antiques annales; les temps sont changés. Imitons le peuple le plus libre de la terre; recevons de lui, et sous de nouveaux auspices, nos vieilles modes rajeunies.

C'est ainsi que les hommes et les peuples parcourent des circonférences plus ou moins grandes, et reviennent sans cesse sur eux-mêmes; mais ces retours successifs polissent les nations, et le cercle à parcourir est toujours plus brillant.

« Le droit d'aînesse comprend tout à la fois
» le droit de primogéniture et de masculinité. »
Ici M. Dupin déplore le sort des femmes,
comme si la loi vouloit les priver de toute succession. En Angleterre, elles ne peuvent tou-
cher, ainsi que les cadets, à la plus légère
fraction du capital, et les Anglais, ne s'arrê-
tant qu'aux grands résultats, disent tranquil-
lement que c'est un mal nécessaire.

« Les substitutions, continue M. Dupin,
» qui placent le privilége des terres à côté du
» privilége des personnes. » Sans doute, la
terre est la patrie.

« On ne peut séparer, dit Montesquieu, la
» dignité du monarque de celle du royaume;
» on ne peut guère séparer non plus la dignité
» du noble de celle de son fief. »

En Angleterre, l'opinion est tellement pré-
cise à cet égard, qu'un étranger ne peut acheter des terres. De plus, si un étranger, natu-
ralisé par des lettres patentes accordées par le
Roi, fait l'acquisition d'une terre, son fils
aîné, né avant cette naturalisation (par la loi
commune), n'est pas appelé à la succession
de cette terre, qui, par le droit de primogéniture, appartient en entier à l'aîné de ses frères
puînés, né depuis la réception des lettres pa-

tentes. Il faut, pour que l'aîné, dont la naissance précède la naturalisation, hérite, que cette naturalisation ait été donnée publiquement, et par un acte du parlement.

« Les possesseurs du sol, dit sir James » Lawrence, sont dans tous les pays la no- » blesse naturelle[1]. »

[1] On the nobility of the English gentry, p. 7.

§ III.

« Historique du droit d'aînesse. »

L'HISTOIRE est là, et vaut mieux qu'une compilation abrégée. Je ne répéterai donc pas ce que j'ai déjà écrit dans ma première brochure [1]. M. Dupin cite l'histoire de France ; je l'ai fait aussi, et j'ai, de plus, rappelé celle d'Espagne, d'Ecosse et d'Angleterre. Dans ce dernier pays, cette coutume s'introduisit avec Guillaume-le-Conquérant, et remplaça la loi saxonne, qui exigeoit le partage égal. Henri Ier voulut la modifier, en ne donnant à l'aîné que le fief principal, *primum patris feudum*; mais sous Henri II, la loi normande prévalut tacitement. Edouard Ier, qu'on peut nommer le Justinien de l'Angleterre, n'y retoucha pas, et elle existe encore aujourd'hui telle qu'elle fut établie dans l'origine.

« De tous côtés, dit M. Dupin, on répète
» avec une affectation calculée : le droit d'aî-
» nesse est de droit divin; il est dans nos
» mœurs ; il est aussi ancien que la monar-

---

[1] Pages 32 et suivantes.

» chie ; il a vieilli avec nous..... » Si de tous
côtés ces phrases se répètent, c'est qu'aussi,
de tous côtés se trouvent nécessairement des
partisans de la loi ; elle est donc demandée
par un grand nombre, et n'a plus, de l'aveu
de M. Dupin lui-même, un caractère que re-
poussent nos mœurs.

Après cé début assez franc, M. Dupin ouvre
l'Ancien-Testament, nous débite avec détail
l'histoire d'Esaü et de Jacob, que nous con-
noissons tous, et que je ne répéterai pas ; nous
trouvons de plus, à la suite de son écrit, un
long extrait de la Genèse, comme s'il n'existoit pas de bibles en France !

Ce qui est moins connu que le texte sont
l'esprit, le sens et les figures des livres saints ;
et Jacob investi du droit d'aînesse accomplis-
soit une prophétie. Thomas Bradshaw dit
« que la volonté du ciel, que Jacob et Re-
» becca crurent interpréter, ne dut jamais
» servir de prétexte au mensonge dont ils se
» sont rendus coupables ; que Dieu désap-
» prouva leur conduite, bien qu'il la fît tour-
» ner à l'accomplissement de ses desseins. »

Les hommes de ces temps étoient de notre
nature, et par conséquent capables de pé-
cher ; mais, comme aujourd'hui, le châtiment

suivoit la faute, voyons donc comment tous les acteurs de la scène que nous rapelle M. Dupin furent punis.

Isaac s'est vu trompé pour avoir eu la présomption de changer les arrêts de la Divinité, et pour avoir aimé Esaü beaucoup plus que son autre fils, circonstance que Josephe répète deux fois dans ses Antiquités[1]. La fraude découverte, Isaac loin de s'irriter sembla reconnoître la puissance de Dieu : « Fut frappé » d'un profond étonnement, et admira au- » delà de tout ce qu'on peut croire ce qui étoit » arrivé[2]. »

Rebecca a trompé son époux, et le motif qui l'a fait agir ne pouvant l'excuser, elle eut à trembler pour la vie du fils qui lui étoit le plus cher, en fut séparée, et ne le revit plus.

Esaü avoit pris une épouse dans le pays de Chanaan, et cependant il étoit défendu de s'allier aux Gentils; il étoit « terrestre » et charnel », n'aimoit que la chasse, renonça trop facilement aux grandes promesses que Dieu avoit faites à ses pères,

[1] L. 1, ch. xiii.

[2] Genèse, ch. xxvii, v. 33.

et perdit son droit d'aînesse. « C'est avec rai-
» son, dit-il, que mon frère fut appelé Ja-
» cob[1]. »

Enfin Jacob, obligé de fuir la maison paternelle, servit pendant quatorze ans pour
obtenir Rachel qu'il aimoit.

Je dis dans ma première brochure, p. 38,
que, pour combattre le droit d'aînesse, nous
aurions tort de nous prévaloir des exemples
que l'Ancien-Testament nous fournit, parce
qu'ils étoient l'accomplissement de prophé-
ties; et j'aurois pu ajouter: comme les fatalistes
d'aujourd'hui, les Juifs se croyoient appelés,
en leur qualité de descendans d'Abraham, à
jouir de la constante protection du ciel. C'est
pourquoi Dieu, pour confondre leur orgueil,
s'est plu à changer souvent la ligne de succession dans laquelle devoit naître le Messie, et à
y admettre même un Gentil (Ruth) recomman-
dable par ses vertus. Jésus-Christ ne dit-il pas
aux Pharisiens: « Ne pensez pas dire en vous-
» mêmes, nous avons Abraham pour père; car
» je vous déclare que Dieu peut faire naître
» de ces pierres mêmes, des enfans à Abra--

___

1 *Genèse*, ch xxvii. v 36. Jacob veut dire celui qui sup-
plante.

» ham. *Ainsi, la crainte de détruire la pos-*
» *térité de ce patriarche, et d'anéantir les*
» *promesses qu'il lui a faites, ne l'empêchera*
» *point de vous punir* [1] ?

« L'Evangile, dit ensuite Mr Dupin, est
» une loi de désintéressement et d'égalité....
» Si l'on tue le veau gras, c'est pour célébrer
» le retour d'un puîné. »

Mais la parabole de l'enfant prodigue que
cette dernière phrase nous indique n'est pas
en faveur de l'égalité ; elle signifie que le re-
pentir sera toujours suivi du pardon, et Jésus-
Christ, dans ce même chapitre, le quinzième,
de saint Luc, dit aux Pharisiens et aux Scribes :
« Qu'il y aura plus de joie dans le ciel pour un
» seul pécheur qui fait pénitence, que pour
» quatre-vingt-dix-neuf justes qui n'ont pas
» besoin de pénitence. »

« La loi de grâce, la loi de l'Homme-
Dieu » (ce sont les expressions de M. Dupin)
ne commande pas l'égalité. Jésus-Christ a
laissé l'état politique comme il l'a trouvé, et
disoit : « Rendez à César ce qui appartient à
» César, et à Dieu ce qui est à Dieu [2]. Saint

---

1 *Saint Mathieu*, ch. iii, v. 9.

2 *Saint Luc*, ch. xx, v. 25.

Pierre disoit aux premiers chrétiens : « Soyez
» soumis, pour l'amour de Dieu, à tout homme
» qui a autorité sur vous, soit au Roi comme
» souverain ; soit aux gouverneurs comme à
» ceux qui sont envoyés de sa part, pour
» punir ceux qui font mal et pour traiter
» favorablement ceux qui font bien, étant
» libres, non pour vous servir de votre li-
» berté comme d'un voile qui couvre vos mau-
» vaises actions. Ainsi, rendez à tous *l'honneur*
» *qui leur est dû* ; aimez vos frères, craignez
» Dieu, honorez le Roi ; et vous, serviteurs,
» soyez soumis à vos maîtres avec toute sorte
» de respect ; non seulement à ceux qui sont
» bons et doux ; mais à ceux qui sont rudes et
» fâcheux [1]. » Enfin, Jésus - Christ nous a
appris que l'égalité n'existoit pas même au
ciel. « Dans la maison de mon père, dit-il,
» se trouvent plusieurs demeures. »

La parfaite égalité doit produire d'inter-
minables débats pour se saisir du pouvoir, a
dit un évêque de Londres ; et je trouve la
phrase suivante dans un ouvrage anglais sur
la religion : « La Providence a sagement exclu
» l'égalité de la société, puisqu'elle ne sauroit

---

[1] Première Epître, ch 11, v. 13, 14, 16, 17 et 18.

» y exister. Quoi qu'en disent les philosophes
» modernes, l'égalité ne se trouve nulle part,
» et pas même entre frères et sœurs ; lors-
» qu'un titre ne donne pas à l'un d'eux la su-
» périorité, l'aîné en hérite[1]. »

M. Dupin ensuite s'occupe de l'histoire de
France, et cite cette phrase de Montesquieu :
Je me sens fort quand j'ai pour moi les Ro-
mains. « Eh bien, continue-t-il, les Romains,
» si grands en république, si forts en aristo-
» cratie, nos maîtres en législation, accor-
» dèrent un pouvoir immense aux pères de
» famille. Mais la loi des Douze-Tables, quoi-
» qu'elle fût l'ouvrage des décemvirs, ni au-
» cune autre de leurs lois, n'institua le droit
» d'aînesse. »

Rappelons toujours à ceux qui l'oublient
que la France n'est plus une république, et
que ce que Rome pouvoit rejeter et devoit rejeter, nous est peut être par cela même nécessaire ! Quant à Montesquieu, ce n'étoit pas
en traitant de la monarchie qu'il en appeloit
aux Romains ; interrogeons-le nous-mêmes.

« Les anciens, dit-il, ne connoissoient pas

[1] The beneficial effects of the christian temper on domestic hapiness, p 34, troisième édition.

» le gouvernement fondé sur un corps de no-
» blesse, et encore moins le gouvernement
» fondé sur un corps législatif formé par les
» représentans d'une nation. L'embarras d'A-
» ristote paroît visible quand il traite de la
» monarchie. Les anciens, ne connoissant
» pas la distribution des trois pouvoirs dans
» le gouvernement d'un seul, ne pouvoient se
» faire une idée juste de la monarchie[1]. »

Quant aux épithètes de *divin* et de *naturel*,
combattues par M. Dupin, observons-lui qu'il
n'est dit nulle part que le droit d'aînesse
soit un droit divin, bien qu'il fût observé par
les patriarches, et se trouve dans les lois de
Moïse. Personne, je crois, n'a dit non plus
qu'il étoit de droit naturel, quoique l'aîné
existe d'abord seul, et se trouve ensuite dé-
possédé par de nouvelles naissances ; quoique
dans l'état sauvage il soit pendant vingt ans
le plus robuste : *ego nominor leo ;* et quoique
dans l'état de société il puisse rendre des services publics, alors que ses cadets en sont encore incapables. « Nourrir ses enfans, dit
» Montesquieu, est une obligation de droit

[1] De l'Esprit des Lois, l. XI, ch. VII.
[2] Idem, l. XXIII, ch. IX.

» naturel ; leur donner sa succession, est une
» obligation du droit civil ou politique. »

« Le droit de primogéniture, dit enfin
» M. Dupin, a presque toujours été mal justifié
» par les résultats. »

C'est, en général, assez vrai. En Allemagne,
en France, en Italie, et surtout en Espagne,
il a dégénéré en abus ; mais aussi quel con-
traste présente l'Angleterre !

Et parce qu'une chose a été telle en un
temps qui n'est plus, est-ce à dire qu'elle se
reproduira telle alors que les circonstances
auront entièrement changé ? (Voyez la brochure intitulée : *Influence
d'une noblesse héréditaire*, etc., pag. 136.)

1 *De l'Esprit des Lois*, l. xxvj, ch. vn.

2 Chez le Normant père, et les libraires du Palais-Royal.
Prix : 2 fr. 50 c.

« Abolition du droit d'aînesse et des substitutions. »

Nous lisons dans M. Dupin :

« La révolution de 1789 a eu pour base la
» liberté politique, l'égalité des droits devant
» la loi; elle est antipathique avec les privi-
» léges. »

« Le régime féodal fut aboli. »

« Cessant les causes, les effets durent ces-
» ser aussi. »

« La loi du 15 mars 1790 déclara que tous
» priviléges, toute féodalité et notabilité des
» biens *étant détruits*, les droits d'aînesse et
» de masculinité à l'égard des fiefs, domaines
» et alleux nobles, et les *partages inégaux* à
» raison de la qualité des personnes, *étoient*
» *abolis.* »

« Plus tard, les substitutions elles-mêmes
» furent supprimées par décret du 14 sep-
» tembre 1792. »

Et qu'ont-elles amené, ces grandes ré-
formes?

La journée du 21 janvier 1793.

Je crois avoir suffisamment fait sentir, dans

ma première brochure, que la noblesse telle
que nous la désirons, c'est-à-dire constitutionnelle, et par conséquent indépendante, ne
peut se soutenir que par les substitutions.
Que nos lois la protègent donc et lui rendent
une partie du sol, si véritablement nous désirons un régime sage et représentatif; car,
sans possessions territoriales, point de «noblesse, et « point de noblesse, point de mo-
» narque, » a dit Montesquieu. C'est aussi ce
que la révolution a prouvé.

« Effets de l'abolition du droit d'aînesse et des substitutions »

IL est de fait notoire que la France de 1814 fut à beaucoup d'égards supérieure à la France de 1791 ; mais gardons-nous de penser que les effets dont nous fûmes frappés n'aient eu qu'une seule cause.

« Dans le cours d'un long gouvernement, dit Montesquieu, on va au mal par une pente » insensible, et l'on ne remonte au bien que » par un effort. » La France fut tirée de son engourdissement par un crime, et Louis XVI paya de son sang les erreurs d'un siècle corrompu.

Le gouvernement renversé, le Roi mort, la terre nouvellement partagée ; le peuple appelé à se gouverner lui-même ; telle fut cette grande révolution, qui, inoculant une fièvre ardente aux citoyens d'habitude les plus paisibles, communiqua à la nation un de ces élans qui, de loin à loin, ébranlent le monde. Du sein de ce chaos un homme enfin s'éleva ;

De l'Esprit des Lois, liv. ... ch. ...

comme cela devoit arriver; cet homme, plus étonnant encore que la révolution qui l'avoit produit, laissa tomber sa main de fer sur un peuple fatigué, et pendant dix ans lui imposa le fardeau de son génie.

« Jamais nos armées, dit M. Dupin, n'ont » été plus fortes et plus braves que depuis » qu'elles ont été composées presque en tota- » lité de citoyens propriétaires, à ce titre in- » téressés personnellement à la défense du » territoire. »

Voilà ce qu'on peut appeler attribuer des résultats étrangers aux choses que l'on cherche à combattre. Rétablissons les faits.

La grande secousse politique dont je viens de parler, donna subitement à la France une armée invincible. Mais les républicains qui repoussèrent la coalition, n'étoient pas ces républicains qui s'emparèrent des propriétés! Les premiers, par métier, combattirent les étrangers; les seconds, par férocité, égorgè- rent lâchement leurs compatriotes; et on doit dire à l'honneur de nos troupes qu'elles étoient si pauvres, que leurs généraux portoient des épaulettes de laine.

Plus tard, la France leur dut encore une grande partie de ses victoires; mais les glaces de la Russie en triomphèrent enfin, et avec la perte de ces vieilles légions commença aussi la décadence de l'Empire[1].

De même que Rome s'énerva par le luxe, de même nos armées s'affoiblirent à mesure qu'elles comptèrent dans leurs rangs plus de soldats-*propriétaires*, et furent commandées par des hommes enrichis. Elles étoient fatiguées de la guerre, parce qu'elles n'avoient plus rien à désirer. Rassasiés de gloire, les soldats regrettoient leurs champs incultes, et les chefs trouvoient bien dur de ne pouvoir se reposer et jouir de leurs travaux. Mais ce qui avoit concouru au dépérissement de troupes originairement républicaines, et qui en avoient conservé les principes, est maintenant soutenu par l'esprit de monarchie.

J'ai seulement voulu prouver à M. Dupin, que ce n'étoit pas la qualité de *propriétaires* qui avoit pu rendre nos soldats plus redoutables, et ainsi le bien assurer que, sous le régime de l'inégalité de partage, l'armée resteroit brave et fidèle.

[1] Au licenciement de l'armée, en 1815, presque tous les vétérans ne surent où aller. Ils étoient sans feu, sans lieu, sans famille, par conséquent ne possédoient pas de terres, et cependant avoient fait leurs preuves.

« Quant aux terres, j'ai fait voir dans ma première brochure, pag. 96, que notre culture en petit, comparée à celle de l'Angleterre, qui est faite en grand, emploie, proportion gardée, un surcroît de dix millions d'habitans, dont il seroit à désirer que les travaux pussent être mieux dirigés.

Sans doute depuis la révolution, « un mouvement général a été imprimé à la propriété » et à l'industrie »; il a eu même de bons effets, et a rendu à la culture des terrains négligés par leurs anciens possesseurs; mais ce but est atteint, et il est temps que la stabilité des choses nous assure la durée de nos institutions naissantes, et que la stabilité des familles leur permette à l'avenir de veiller, comme en Angleterre, à la prospérité publique.

« Si plusieurs domaines, dit M. Dupin, » ont été divisés, un grand nombre ont été » recomposés. » Où sont ces derniers ?. Un homme qui a fait sa fortune lui-même n'est généralement plus jeune, quand il peut se dire riche, quand il songe à acheter une terre ou à arrondir la sienne. Ainsi la mort vient le surprendre au milieu de projets qui appartiennent à un autre âge, et voilà un domaine, je ne dis pas créé, mais formant à peine un tout, divisé de nouveau ou vendu pour l'être! Les terres tendent donc sans cesse à se réunir, y parviennent lentement, et sont en un moment morcelées de nouveau. C'est le génie républicain opposé au génie naturel, et c'est une loi barbare que celle qui s'arroge le droit de détruire ce que l'homme passe sa vie à créer. [illegible]

« Mais, supposons que le partage soit aujourd'hui d'accord avec la raison ; le sera-t-il demain ? La population s'accroît, et par conséquent la division augmente. Tel bien qui fut partagé il y a vingt ans, est maintenant divisé en trois, quatre, cinq ou six hérédités. Les progrès de l'industrie sont, il est vrai, en rapport avec la population ; mais aussi par le morcellement de la propriété foncière, la masse industrieuse, c'est-à-dire le peuple, dépossède chaque jour quelques familles, et s'établit sur ces prétendus domaines dont nous parle M. Dupin. Ce système qui menace le trône par l'indéfinie subdivision du sol, n'est pas sans doute aussi évidemment hostile que les décrets et les lois de 1789, 1790 et 1792, que nous a rappelés M. Dupin ; mais ses résultats, pour être plus tardifs, n'en sont pas moins sûrs ; c'est la guerre souterraine dans laquelle l'ennemi s'avance par des rameaux de mine, se dérobe aux regards et lentement approche de la place qu'il s'agit de détruire ou de surprendre.

... A Athènes où la terre fut également partagée, on ne pouvoit ni posséder deux portions, ni en diviser une, en sorte que, pour se soutenir, cette république avoit jugé nécessaire d'emprunter quelque chose au principe monarchique, et un père qui avoit plusieurs enfans en choisissoit un seul pour lui succéder [1]. Par conséquent, l'exclusion de tous les enfans, moins un, n'est pas une invention féodale.

Que de philosophes ont vainement cherché les moyens d'établir l'égalité ! Phaleas de Calcédoine, entre autres [2], avoit imaginé une façon de rendre les fortunes égales dans une république où elles ne l'étoient pas, et Montesquieu observe, « qu'il met les citoyens dans des » conditions dont les différences sont si frap- » pantes, qu'ils haïroient cette égalité que » l'on chercheroit à introduire. »

[1] Platon, l. iii des Lois.
[2] Aristote, Politique, l. ii, ch. vii.

Mais ne signalons pas d'autres erreurs de la fausse philosophie; demandons seulement aux Anglais où en seroit cette liberté dont ils sont si fiers, s'ils avoient permis au peuple d'envahir leur territoire!

Nous Français, si nous sommes républicains, disons-le franchement, et n'empruntons pas un voile à la royauté pour l'attaquer plus à l'ombre.

Si nous sommes royalistes, rapportons-nous en à Montesquieu et à Blackstone, leur opinion fait autorité; or, ils disent tous deux, que « la division de la terre affoiblit une mo-
« narchie. »

§ VI.

« La loi proposée est-elle constitutionnelle ? »

UNE loi qui tend à rassurer l'ordre social,
à donner au trône plus de garanties, à protéger les libertés que le peuple a acquises, à
resserrer les liens de toutes les classes, à
conserver les familles, à augmenter les forces
de l'Etat, à consolider non seulement ce qui
existe, mais à améliorer le présent et à créer
pour l'avenir, à faire jouir nos neveux de ce
que nous devons à la révolution, en réparant
autant que possible le mal qu'elle a fait ; une
loi qui tend à donner plus d'unité au royaume,
à faire le bonheur de la masse, à rehausser
l'honneur de tous, à protéger l'industrie, non
pas en nivelant les patrimoines comme le demande la démocratie, mais au contraire par
l'inégalité des fortunes, et à encourager e
luxe si nécessaire, que « s'il ne va en crois-
» sant, dit Montesquieu, l'état monarchique
» ne peut se soutenir [1] : » une telle loi, ce me
semble, est essentiellement constitutionnelle.

[1] *De l'Esprit des Lois*, l. VII, ch. IV.

« La loi constitutionnelle est immuable, » dit M. Dupin. Etrange prévention ! Les Spartiates, peuple féroce qui observa pendant sept cents ans les lois de Lycurgue, furent pendant ce long espace de temps stationnaires. Nous en reviendrions donc où en étoient les Mèdes et les anciens Perses dont les lois ne changeoient pas [1] !

N'est-il pas de la dernière évidence que la civilisation faisant des progrès, la constitution ne peut pas être *immuable ?* Et je le demande, ceux-là qui défendent ce *statu quo*, ne mériteroient-ils pas bientôt d'être appelés avec justice « les contemporains du passé ? »

Parce que la Charte dit : « les Français » sont égaux devant la loi, » et que dans le préambule de cette Charte se trouvent ces paroles de Louis XVIII, « le vœu le plus cher » à notre cœur, c'est que tous les Français » vivent en frères, » M. Dupin demande si c'est en frères *égaux* ou *inégaux*, et conclut que le premier article a répondu. Est-ce là raisonner ou recourir aux subterfuges ? « Egaux » devant la loi » n'a jamais pu exprimer que les fortunes seroient toutes au même niveau.

---

[1] Daniel, ch. vi, v. 8.

Les Anglais qui sont aussi égaux devant la loi ne le sont guère autrement. La liberté n'a même droit à rien de plus, et cette expression *vivre en frères* pour exprimer *vivre dans une parfaite union* date-t-elle de la révolution française ?

Oui, la loi est heureusement destructive de l'égalité qu'il ne faut pas confondre avec *liberté*; mais elle ne l'est pas *au dernier degré*, comme le dit M. Dupin. Celle des Athéniens l'étoit au dernier degré; celle de l'Angleterre l'est encore au dernier degré. Ainsi j'espère (pour me servir des expressions de M. Dupin, page 66) qu'il n'y aura « ni pleurs, ni grince-
» mens de dents; que l'un, pour maintenir son
» droit d'aînesse, les autres pour rentrer sous
» la loi d'égalité, ne se disputeront pas, ne
» se battront pas, ne se tueront pas. »

§ VII.

« Aînesse et substitutions politiques. »

« Il faut une aristocratie, » dit M. Dupin.
C'est aussi mon opinion ; mais cette nécessité
n'entraîne-t-elle pas cette autre nécessité, qu'il
faut la conserver ? et pour la conserver, il faut
la protéger ; car en avoir une pour l'avilir,
est non seulement ne pas croire à son utilité,
mais encore se montrer ennemi et de cette
corporation et des hommes qui la composent.

« Le droit d'aînesse et de masculinité existe
» constitutionnellement, dit l'écrivain que
» j'ai sous les yeux, dans les cas suivans :

» 1°. Pour la succession à la couronne ;

» 2°. Pour les apanages ;

» 3°. Pour la pairie ;

» 4°. Pour les titres d'honneur et de rang
» accordés par le Roi ;

» 5°. Pour les majorats qui peuvent être
» attachés soit aux pairies, soit aux divers
» titres nobiliaires.

» Certes, voilà des privilèges, » continue-
t-il.

Cependant un pair, ayant un revenu de

10,000 fr., ne me semble pas être assuré d'une bien grande existence. Un sénateur romain devoit posséder 800 sesterces, c'est-à-dire à peu près 150,000 fr., et cette somme étoit en ce temps-là une véritable fortune [1]. Mais il n'est pas ici question directement des pairs, parce que la loi les affectera peu pour le moment, attendu que, dans leurs familles, la création d'un majorat aura assez généralement été prélevée sur la portion disponible.

Quant aux titres d'honneur, la pairie les écrase, et je l'ai dit dans ma première brochure. Cette noblesse, hors de la pairie, répond au *gentry* de l'Angleterre que sir James Lawrence nomme aussi noblesse ; car, dit-il, « il est de » la plus grande absurdité de vouloir refuser » la noblesse à une classe de la société en fa- » veur de laquelle l'office héraldique fut éta- » bli, et où l'on tient registre de ses nais- » sances, de ses alliances et de ses morts. »

L'aristocratie se compose en Angleterre de la noblesse et du *gentry*. En France, l'aristo- cratie comprend la Chambre des Pairs, l'an- cienne noblesse et la nouvelle. Ici cette classe titrée est trop nombreuse ; non titrée, elle ne

---

1 Voyez ce que je dis de la pairie anglaise dans ma première brochure, p. 22 et 59.

le seroit pas assez. Là , le *gentry* couvre le sol et joue un rôle immense sans le secours de titres qui ne pourroient être que de courtoisie. On y peut comparer cette vaste corporation aux sous-officiers qui, dans une armée, sont l'âme des corps.

La loi proposée a cela de très-libéral qu'elle appelle indistinctement tous les Français un peu aisés à faire partie de l'aristocratie.

§ VIII.

« Prétexte tiré du droit électoral. »

M. Dupin prétend que MM. les ministres du Roi veulent faire croire que l'effet nécessaire de la concentration des propriétés sera d'augmenter le nombre des électeurs et que cependant l'opposé aura lieu. Il cite un exemple pour, un autre exemple contre ; mais cette question demanderoit une longue discussion qui sera, sans doute, agitée dans les Chambres. A l'appui de son opinion, M. Dupin cite les bourgs pourris de l'Angleterre (rotten boroughs), qui ne sont pas, dit-il, ce *qu'il y a de mieux dans sa constitution*. Or, on sait généralement en France peu de chose relativement à ces bourgs pourris. Les cris des radicaux viennent retentir jusque chez nous par la voie des journaux de l'Opposition, et les passions dénaturent les choses.

Les radicaux ont nommé *bourgs pourris* (traduction littérale) une place au Parlement que l'on peut acheter en dessous-main, et il en existe en effet de ce genre.

. Les radicaux disent d'un député ainsi élu :

Qu'il ne l'est pas par le peuple ;

Qu'il n'est donc pas un représentant du peuple ;

Que par la constitution, il devroit l'être ;

Que c'est une honte nationale,
et concluent qu'il faut une réforme parlementaire.

Leurs adversaires leur répondent :

Qu'un tel député à la vérité n'est pas élu par l'universalité du peuple, mais que cela n'a jamais été ;

Qu'il représente le peuple, parce que les membres du Parlement ne sont pas des délégués de leurs différens districts, mais veillent sur tout le pays ;

Qu'aucun article de la constitution ne s'oppose à de telles élections ;

Qu'elles sont même utiles, pourvu que le nombre en reste très-limité ;

Qu'il seroit cruel de les détruire, parce qu'alors les avocats célèbres, les riches banquiers et les grands négocians qui n'ont pas de terres, se trouveroient exclus de la Chambre où ils représentent leurs corporations respectives et rendent de véritables services.

Quoi de plus libéral ? Et cependant quelle série de plaintes et d'injures dans certains

journaux qui sont à Londres comme l'écho du
bas peuple ! Les radicaux sont des révolution-
naires, et personne ne s'y trompe ; mais revenons à notre sujet.

La fixation à 3oo fr. d'impôt foncier est
aussi combattue par M. Dupin. Pourquoi à
3oo fr. demande-t-il, et si le Roi s'étoit décidé
à ne reconnoître un droit d'aînesse que parmi
les éligibles, par exemple, c'est-à-dire ceux qui
payent 1ooo fr., on eût sans doute demandé :
et pourquoi ne pas descendre jusqu'aux électeurs ? Il falloit fixer un terme, et celui qui
fut choisi est tout ce que la France pouvoit
souhaiter.

« Parmi les négocians, continue M. Dupin,
» qui ont un million et plus, le droit d'aînesse
» n'aura pas lieu ; tandis que le patrimoine du
» paysan qui sera devenu un *homme de cent*
» *écus*, sera décimé par l'aîné. »

Mais ne perdons pas de vue que le sol est
la patrie. Ainsi, que le négociant millionnaire
se fixe au sol, s'il veut faire partie de l'aristocratie nationale ; et que *l'homme de cent écus*
se dessaisisse de la terre, cultive celle d'autrui,
ou emploie diversement ses capitaux, s'il ne
veut pas y être admis. En sera-t-il plus à
plaindre ? Je ne le crois pas (Voyez ma pre-

mière brochure, page 100.); et la culture en souffrira-t-elle ? Ce n'est pas mon opinion. (Voyez *idem*, page 69, 70—95, etc.)

Quel espace sépare le négociant du propriétaire! Le premier est cosmopolite; le second est sujet dans toute l'étendue du mot. La patrie, c'est-à-dire le pays pour lequel on doit le plus s'intéresser, est celui où est la fortune. Ainsi le négociant ou le banquier qui a des fonds à Paris, à Londres et à Amsterdam, est, suivant les circonstances, plus français qu'anglais, ou plus hollandais que français. L'homme au contraire qui laboure son champ, est, et ne peut être qu'un citoyen. En conséquence, le premier, quoique plus riche, doit avoir moins de droit à la protection du prince que le second.

Jetons les yeux sur la Chambre des Communes.

Nous verrons, d'après les derniers débats, que l'Angleterre se trouvant dans un moment de gêne, les membres du Parlement qui appartiennent au commerce voudroient engager les ministres à contracter en leur faveur un emprunt, nécessairement hypothéqué sur des valeurs douteuses, comme des marchandises non vendues, etc. Où conduiroit une telle mesure? Mais les propriétaires vont, s'il le faut, opposer aux négocians une majorité plus patriotique.

§ IX.

« Quel seroit le but caché du projet. »

« Les ministres, à en juger par leurs dis-
» cours, se sont laissé surprendre par l'idée
» que la loi qu'on leur suggéroit étoit *éminem-*
» *ment monarchique.* »
Il est aisé de voir, seulement par ce qui précède, qu'ils ont eu raison de parler ainsi. Le
rétablissement du droit d'aînesse, d'ailleurs si
facile à éviter, ne nous fera pas faire « un pas
» rétrograde vers l'ancien régime » comme
le dit M. Dupin, mais jettera un demi-siècle
entre Charles X et la révolution.

« En attendant que d'autres propositions
» nous le disent plus ouvertement, continue
» M. Dupin, on ne veut pas avoir l'air de
» stipuler seulement pour la noblesse, etc. »
Je crois moi, que le gouvernement agit
franchement. La loi proposée est bonne pour
tout le monde. La noblesse en profitera sans
doute : si les libéraux s'opiniâtrent à l'éviter,
ils s'en repentiront peut-être un jour ; mais
la faute n'en sera pas au Roi!

§ X.

« Brusquerie d'une telle loi. »

Pour moi, qui ne vois dans le projet de loi qu'une conséquence du gouvernement monarchique, cette *brusquerie* est par cela même bien moins sensible qu'elle ne le paroît à M. Dupin. C'étoit en second lieu un sujet qui depuis long-temps occupoit les personnes zélées pour le bien public. Non seulement on en parloit dans les salons, mais M. le duc de Lévis lut il y a deux ans environ à la tribune de la Chambre des Pairs, un discours qui avoit pour but de demander au Roi de proposer une loi, qui pût autoriser tous les propriétaires à faire des majorats. Je ne sais si ce fait fut généralement connu; mais quoi de plus précis que le discours adressé le 9 février dernier au Roi, par M. le chancelier de France, au nom de la Chambre des Pairs, et en réponse à celui de la couronne ? « Le mor-
» cellement progressif de la propriété fon-
» cière, a-t-il dit, les conséquences qu'il peut
» avoir, même pour les premiers élémens de

» la représentation élective, avoient déjà
» éveillé deux fois l'attention de la Chambre
» des Pairs. »

§ XI.

« Cette loi est-elle réclamée par l'état actuel des mœurs
et de l'opinion ? »

ELLE est réclamée par les mœurs et l'opinion
des uns, et il paroît qu'elle ne l'est pas par
les mœurs et l'opinion de quelques autres ;
mais quel est l'homme de bien à couvert de
la calomnie ? quelle est aussi l'institution qui
n'a pas eu ses adversaires ? Tout ce qui est
nouveau commence par nous paroître étranger ; ce qui nous paroît étranger nous semble
d'abord étrange, et Montesquieu dit que « la
» liberté même a paru insupportable à des
» peuples qui n'étoient pas accoutumés à en
» jouir [1] »

« La loi, dit M. Dupin, n'avoit pas refusé
» au chef de la famille le droit de faire ce que
» les coutumes appeloient *un enfant chéri.* »
Cette expression blesse, et c'est parce qu'elle
est offensante qu'elle est rapportée. Déclarer
avoir une préférence marquée pour l'un de
ses enfans, alors que tous ont des droits

[1] *De l'Esprit des Lois*, l. xix, ch. ii.

égaux à la tendresse paternelle, est une injustice, et est bien plus immorale que de dire : J'avantage mon fils aîné parce que je pense que c'est mon devoir ; et, pour un père de cette croyance, ne vaut-il pas mieux que, loin de faire exception au droit commun de son pays, il n'ait qu'à se conformer à la règle établie ? Aujourd'hui la raison de l'inégalité en faveur de l'aîné sera indépendante des qualités des individus ; ce sera une circonstance de fait et non de personnes ; différence qu'apprécieront des cadets dont les sentimens un peu nobles, sont au-dessus de quelqu'addition de fortune.

§ XII.

« Le père de famille peut rétablir l'égalité. »

CETTE latitude, qui certes prouve assez clairement, aux gens les plus bornés, l'extrême réserve d'une loi contre laquelle s'élèvent cependant les cris d'un désespoir affecté, prouve aussi combien la controverse est facile, puisque cette latitude elle-même est prise en mauvaise part !

« Au lieu de dire, avec le Code, dit M. Du-
» pin, il y aura *égalité*, à moins que le père
» de famille n'introduise l'inégalité, on dit :
» il y aura *inégalité*, à moins que le père de
» famille ne rétablisse l'égalité. »

Sans doute, et je viens de faire sentir combien diffèrent ces deux dispositions de la loi ; j'ai dit aussi quelle devoit être l'influence de chacune sur le bonheur domestique, nos libertés et la monarchie.

Voyons maintenant les grandes difficultés qu'élève M. Dupin :

« 1°. Tel homme qui, par insouciance, n'eût
» pas fait de testament dans le sens de l'iné-

» galité, mettra peut-être la même indiffé-
» rence à tester dans un sens opposé. »

Quoi de plus rare et de plus malheureux que d'avoir un mauvais père ! et celui-là seul est capable d'une telle insouciance. Les lois les plus parfaites ne sauroient jamais protéger sa triste famille.

« 2°. Beaucoup de gens, même payant cent » écus, ne savent pas assez écrire pour faire » un testament olographe. »

Assurément ceux-là sont peu dignes de faire partie de l'aristocratie. Qu'ils se réduisent donc à 280 fr., et tout sera dit ; ils ne laisseront pas d'aînés privilégiés. Mais M. Dupin con- tinue : « Il faudra un notaire, c'est-à-dire des » frais ; et le fisc est là aussi avec son timbre » et son enregistrement pour profiter de la » loi ; ce qui explique peut-être pourquoi le » dégrèvement de l'impôt foncier est proposé » simultanément. »

Ce nouveau dégrèvement, annoncé dans le discours du Roi, est de 19,000,000.

Que peut donc coûter un testament par devant notaire à un homme de cent écus ? 16 fr. 10 c., savoir : Papier, 1 fr. 60 c. ; expé- dition, 3 fr. ; honoraires, 6 fr., et 5 fr. 50 c. d'enregistrement.

Un testament rapportant au gouvernement 7 fr. 50 c., il faudroit donc, pour que la loi compensât le dégrèvement de 19,000,000, qu'elle pût provoquer 2,676,045 testamens qui n'eussent pas été jugés nécessaires sous le Code civil, et cette augmentation dépasse toute vraisemblance. Mais la loi, d'un autre côté, ne va-t-elle pas priver le gouvernement d'une partie des droits que lui valoient cette foule d'acquisitions temporaires qui vont se trouver restreintes? Ecoutons M. Dupin lui-même; il dit, pag. 34, *que la fréquence des mutations enrichit le fisc;* et n'est-ce pas cette fréquence que le Roi désire diminuer?

« 3°. Que de gens sont avares !..... les » gens de campagne surtout, *villani*, redou- » tent avec raison de donner leur argent aux » enregistreurs, aux notaires et aux gens de » loi. »

Je ne sais s'ils le redoutent pour faire un testament, mais ils n'y regardent pas de si près pour s'envoyer des assignations ou s'intenter des procès. J'en appelle, non seulement aux Normands, mais aux habitans de nos autres provinces.

« 4°. Tenez compte des tiraillemens de » toute espèce qui vont assiéger le père de

» famille aussitôt après la promulgation de la
» loi. *Mon père*, dira l'aîné, *voulez-vous donc
» me dépouiller ?* (car il se regardera comme
» investi). *Mon père*, diront les puînés et les
» filles, *ne sommes-nous donc pas aussi vos
» enfans ? est-ce que vous ne nous aimez
» plus ?..,...* Combien d'enfans déçus s'é-
» crieront avec Esaü : *N'avez-vous donc
» qu'une bénédiction, ô mon père ?* »

Je ne puis passer outre sans faire remarquer
que ce passage de la Bible n'est pas présenté
dans son jour véritable. La phrase de M. Dupin : *N'avez-vous donc qu'une bénédiction,
ô mon père ?* est amenée de manière à vouloir
dire : *N'avez-vous donc aucun moyen de sub-
sistance à nous laisser ?* et cette application
n'est pas juste, puisque la loi ne peut donner
à l'aîné plus de deux parts. Dans la Bible,
Isaac dit bien à Esaü : « J'ai affermi Jacob
» dans la possession du blé et du vin ; » mais
cette phrase ne seroit-elle pas une figure ? et,
en la prenant à la lettre, quelle grande valeur
pouvoient avoir des champs et des vignes, alors
que la terre encore vierge manquoit de culti-
vateurs ? Remarquons qu'il n'est dit nulle part,
dans la Genèse ni dans Josephe, que Jacob
ait hérité du blé et du vin de son père ; on sait,

en outre , que la richesse des patriarches con-
sistoit dans leurs troupeaux , et Isaac ne fait
pas mention des siens ; d'où l'on peut conclure que sa bénédiction est toute spirituelle.
Cette opinion acquiert une nouvelle force,
quand on se rappelle les promesses faites à
Abraham, et la prédiction révélée à Rebecca.

« 5°. Supposez néanmoins que le père ait
» un caractère ferme et décidé : il embrasse
» tous ses enfans , il les presse également sur
» son sein ; il fait venir un notaire , etc. »

Avouons que M. Dupin qui a commencé
par une épître sentimentale, nous donne ici
une scène de comédie.

« Et si le malheureux notaire fait *une nul-*
» *lité!* » continue M. Dupin.

« 6°. Sans compter ceux à qui cette loi peut
» faire tourner la tête , supposez qu'un père
» de famille soit en démence au jour de la
» promulgation de la loi ; qui testera pour
» lui ? Sa raison s'est endormie sur la foi d'une
» loi d'égalité ; la mort va le surprendre dans
» les liens d'un privilége, auquel il ne lui aura
» jamais été possible de remédier ? »

Le ciel, dans ce cas, n'auroit-il pas testé
pour lui ?

C'est après nous avoir présenté de telles

généralités que **M**. Dupin, avocat de profession, conclut en ces termes :

« Il n'est donc pas vrai de dire que l'on a
» pourvu à tout, en laissant aux pères de fa-
» mille la faculté de détruire le droit d'aî-
» nesse. »

§ XIII.

« La loi blesse les droits acquis »

Je conviens de l'importance de ce que
M. Dupin signale ici : mais les effets rétroac-
tifs ne seront pas l'ouvrage de la loi ; il faudra
en accuser le père de famille : quant aux difficultés élevées à cet égard, et que je viens de
faire connoître, elles affectent une trop grande
minorité pour être prises en considération.

Chacun agira donc comme il l'entendra et
selon son opinion : c'est aussi l'esprit de la
loi. Il y a liberté pleine et entière.

Il me faut remarquer aussi que ces mots,
la loi blesse les droits acquis, peuvent du
reste s'appliquer également au Code civil, et
n'ont, par conséquent, rien de si menaçant
pour l'avenir. En effet, un enfant déshérité
(à moins cependant que les raisons du père
ne puissent être admises) peut, d'après le
Code, revenir après la mort de ce père sur
les actes de donation qu'il a pu faire de son
vivant ou sur son testament, et réclamer la
portion que la loi lui donne.

Ces cas sont rares, et les autres le seront aussi.

Soyons donc persuadés que peu d'enfans déjà établis se trouveront froissés ou avantagés par cette loi.

Elle ne commencera à porter sur la masse que dans quelques années, et alors la génération qui s'élève la verra d'un œil moins prévenu.

§ XIV.

« Vice de la loi dans sa trop grande généralité. »

CETTE quatorzième section se trouve en opposition avec un passage de la neuvième. M. Dupin est difficile à satisfaire. Il dit pag. 53 : « On ne veut pas avoir l'air de stipuler seule- » ment pour la noblesse ; on craindroit de la » rendre odieuse par cette séparation, trop » marquée du reste de la nation. » Et pag. 69, nous trouvons ces mots : « Si du moins le » droit d'aînesse n'étoit rétabli que tel qu'il » étoit dans son origine : *entre nobles, pour* » *le partage de biens nobles !* » Et plus loin nous lisons : « Point de droit d'aînesse, ou du » moins, gardez-le pour vous et chez vous. »

Or, si on n'avoit stipulé que pour la no- blesse , c'est alors que se seroient plaints avec raison les amis de nos libertés ; mais le Roi appelle à lui toute la nation, et cependant quelques voix ne laissent pas que de lui ré- pondre : *que la noblesse garde ce privilége pour elle et chez elle !*

Le *Journal des Débats*, cité par M. Dupin, a eu raison de dire que la loi menace la noblesse ; mais jusqu'où peut s'étendre cette assertion? La loi ne la menace pas à l'instar d'une nouvelle terreur ; la loi la menace de faire arriver à son étage politique toutes les familles aussi riches qu'elle ; de diminuer, par conséquent, de jour en jour la valeur des titres qu'elle a conservés ; de la fondre dans une masse qui sera l'aristocratie du territoire : de rehausser à ses dépens la dignité des pairs : et, je le demande, le Roi pouvoit-il proposer une loi plus conforme aux intérêts de la monarchie représentative ; une loi plus constitutionnelle [1] ?

M. Dupin emprunte ensuite ce passage au *Constitutionnel* du 13 février : « La noblesse » ne pouvoit se soutenir que par des mariages, » produit de la vanité , qui transportoient les » fruits du travail des producteurs dans les » mains des dissipateurs ; mais cet ordre de » choses, qui existoit depuis deux cents ans , » va cesser, puisque, par votre loi, vous ré- » pandez l'aristocratie dans tous les rangs de » la société, etc..., et que les filles des capita- » listes seront réduites comme les vôtres à leur » légitime, etc. »

[1] Voyez ma première brochure, page 135.

Quelles sont donc les femmes, sans parler des filles uniques, qui apportent de grandes fortunes? Ce sont les filles des banquiers et des négocians. Mais la loi ne peut avoir quelque empire que sur la propriété foncière, et M. Dupin dit lui-même, pag. 49, qu'un homme qui mourra, ayant dans le commerce *plus d'un million*, ne laissera pas un aîné privilégié. Donc, les filles des négocians et des banquiers seront, généralement parlant, aussi riches sous le régime du droit d'aînese, qu'elles le sont aujourd'hui.

En Angleterre, où les aînés héritent de tout le capital, les cadets ont en revanche toutes les places, à très-peu d'exceptions près. Il m'est souvent arrivé de demander à Londres le nom d'un homme que je voyois pour la première fois, chose au reste assez simple, et on me répondoit : c'est monsieur un tel; je ne manquois pas d'ajouter, qui est-il? et j'avois pour réponse : militaire, avocat, etc., ou *fils aîné;* ce qui vouloit dire riche, ou devant l'être, et n'exerçant aucune profession. Quel inconcevable abus, me dira-t-on, que de faire des aînés dont le privilége est de dépenser sans travailler! Mais qu'on se détrompe : ils travaillent aussi. Destinés à composer un jour en grande partie le parlement, ils reçoivent un complément d'éducation aux universités, voyagent pour leur instruction, étudient les lois, approfondissent la politique ; s'occupent de la culture des terres ; alors que ceux destinés à une profession quelconque commencent de bonne heure à travailler dans une sphère moins étendue. Les uns rejoignent un régiment à quinze ans ; les autres entrent dans une maison de commerce dès qu'ils savent écrire ; les marins sont mis à bord à huit ans, etc.

M. Dupin, pag. 73, en revient encore aux gens de campagne payant cent écus, comme a la pag. 61. Je lui répondrai de nouveau que le propriétaire paysan, ou non, n'a qu'à renoncer à ce titre, s'il ne veut rien faire pour son pays, et s'il craint qu'une erreur ne se glisse dans son testament, et n'établisse après lui un aîné. Il existe d'ailleurs mille manières de placer de l'argent ; il n'est pas de province où ce ne soit connu, et je ne pense pas qu'il se trouve en France un homme de cent écus qui ne le sache fort bien.

La vie de communauté dont parle ici M. Dupin, adoptée dans une grande partie du Nivernais, et connue sous le nom de *commu-*

nautés taisibles, ainsi que la coutume qu'ont les petits fermiers de la Brie de se réunir pour cultiver leurs terres en commun [1], ne sont que de nouvelles preuves en faveur de la concentration. (Voyez ma première brochure, page 95.) Les économes et les paysans sont donc d'accord ; et la théorie, comme la pratique, condamne la trop grande division de la propriété foncière.

[1] M. le baron de Stael, sur l'Angleterre, quatrième lettre.

§ XV.

« Il faut, dit cet exposé, *de l'uniformité*,
» *de la continuité*, *de la fixité* dans une mo-
» narchie. » Et je ne vois rien là qui doive
épouvanter un ami de l'ordre.

J'ai dit dans ma première brochure, pag. 51 :

Chaque jour remet en question l'existence
de la société, repousse les souvenirs, établit
une nouvelle fluctuation parmi les propriétaires, et accoutume le peuple à une effrayante
instabilité. Mais où nous conduira ce système
d'égalité? A l'esclavage. Et c'est à nous qu'il
faudra nous en prendre. Une ligne de démar-
cation se rétablira sans peine entre une noblesse de cour qui ne pourra se soutenir que
par les largesses du Roi, et le reste de la
France, qui ne possédera plus un homme assez
indépendant pour oser élever la voix contre
les abus, qui ne manqueront pas de se mul-
tiplier en raison du morcellement des fortunes.

J'ai dit, pag. 136 :

La fortune de l'aristocratie anglaise fait sa puissance ; son peu d'ambition l'affranchit de l'influence ministérielle, et le droit de primo-géniture, toujours d'accord avec les progrès du siècle, l'empêche de déchoir.

« Il faut donc, dit M. Dupin, que ceux qui » présentement se trouvent riches le soient à » perpétuité. Tant pis pour ceux qui ne le sont » pas. C'est le *statu quo* de l'ordre civil, cor-» respondant au *statu quo* politique de la » Sainte-Alliance. »

Je répondrai encore par ma première brochure, pag. 97 :

En Angleterre, l'extinction et l'état de gêne de quelques familles offrent toujours aux hommes qui s'élèvent le moyen de s'attacher au sol, et l'agriculture reçoit ainsi des secours puissans, sans qu'un agiotage général et continuel ne s'établisse jusqu'au cœur de la monarchie, et ne détruise la confiance publique.

A tout cela M. Dupin s'écrie :

« Il y a quelque chose de mahométan dans » ce système. »

§ XVI.

« Questions graves que le projet ne résout pas. »

M. Dupin soulève ici neuf questions que je n'ai pas le temps d'approfondir, et sur lesquelles on pourroit écrire des volumes sans utilité. Elles rentrent, en effet, dans le domaine de la magistrature, et il seroit à désirer que les Chambres s'en occupassent. Quant à moi, je vais seulement les indiquer :

« 1°. Désignation de l'aîné entre jumeaux;

» 2°. Concours des légitimes et des légi-
» timés;

» 3°. Enfans adoptifs;

» 4°. Enfans prêtres;

» 5°. Le droit d'aînesse aura-t-il lieu par
» représentation;

» 6°. De la renonciation au droit d'aînesse;

» 7°. Des dispositions que l'ascendant pourra
» faire contre le droit d'aînesse;

» 8°. Aîné ingrat;

» 9°. Aîné fou ou hébêté. »

(Les Commentaires de Blakstone sur les lois anglaises sont, à l'égard de quelques unes de ces questions, curieux à consulter.)

Nota. Enfin, M. Dupin cite dans un ap-
pendice, des passages de quelques auteurs
contre le droit d'aînesse. Il seroit aisé de lui
en opposer d'autres ; mais la raison de ce
droit doit, par le peu que j'ai dit, paroître
d'une nécessité si palpable, que de nouveaux
auxiliaires deviennent, ce me semble, super-
flus.

§ XVII.

Bons effets qu'aura la loi proposée.

LES effets de la loi vont être de restreindre l'influence ministérielle, et de retenir la liberté dans de justes bornes.

Sans cette loi, le gouvernement peut tout oser, et la liberté peut dégénérer en licence.

Mais ce n'est pas tout encore; cette loi, en nous donnant une nombreuse aristocratie, va répandre une grande harmonie dans le royaume.

En effet, dans un Etat, les grandes corporations sont presque toujours puissantes au détriment de la masse, et se disputent continuellement la prééminence. Ces corporations sont : le clergé, la noblesse, l'armée, la robe, les banquiers et les négocians.

Le clergé règne en Espagne; la noblesse en Pologne; l'armée en Russie et en Turquie; les gens de robe en Irlande; les banquiers et les négocians en Hollande.

De toutes les usurpations, celle du clergé, je crois, est la plus tolérable; celle de la noblesse vient ensuite; l'armée après; puis les gens de robe, et enfin le commerce. Il seroit curieux de prouver cette proposition ; mais elle fourniroit matière à des volumes, et je ne fais que l'indiquer.

Une nation seroit intéressée à détruire ses corporations, si elle pouvoit s'en passer ; or, la chose étant impossible, il lui faut entre elles maintenir l'équilibre.

L'Angleterre a résolu ce problème. Sa corporation aristocratique est immuable ; étrangère à l'esprit de parti ou de profession, elle veille au bien-être des autres, et les alimente. On ne peut la séparer de la patrie, parce que le sol de la patrie est à elle.

L'usurpation des diverses corporations est une conséquence de la foiblesse de celle-ci ; leur enchaînement indéfini ne peut avoir lieu que par la stabilité.

J'espère donc que la loi proposée passera.

J'espère que bientôt nous commencerons à en recueillir les fruits ; que nos propriétaires, assurés que leurs travaux ne seront pas entièrement détruits, s'occuperont avec plus de soin de terres qui pourront leur survivre, et prendront plus de plaisir à les orner.

J'espère que l'aristocratie territoriale finira, comme en Angleterre, par être revêtue de la magistrature hors des villes, et remplira dans nos campagnes les fonctions des juges de paix, disposition dont les résultats seroient immenses [1].

[1] Voyez ma première brochure, pag. 23, 24 et 31.

§ XVIII.

Les substitutions seront à deux degrés inclusivement.

M. Dupin a passé sous le plus absolu silence cette disposition de la loi, et c'est pourtant sous ce seul point de vue qu'elle présente, je crois, quelque danger réel.

La fixation d'un certain nombre de degrés (quand la substitution peut être renouvelée) a toujours amené la décadence des biens substitués. Deux degrés pour cela suffisent; car deux degrés diffèrent peu de quatre degrés, et se changent presque toujours en perpétuité, source de misère, cause d'appauvrissement.

On ne sauroit donc trop éveiller l'attention des Chambres sur cet axiome politique; on ne sauroit trop supplier MM. les pairs et MM. les députés du royaume de se pénétrer de cette grande vérité, que les substitutions à un degré quelconque ruinent le système des substitutions. En conséquence, nous ne pourrions, je crois mieux faire, que de consulter la coutume anglaise; elle est sage, conservatrice, réparatrice, peut s'adapter à tous les temps, aux intérêts de toutes les familles ; elle fixe les propriétaires sans les enchaîner, et cette latitude est, autant que son institution, nécessaire.

Je me suis étendu à cet égard dans ma première brochure, pag. 37, 38, 39, 40 ; et j'ai indiqué, pag. 48, les deux seules objections qu'on peut opposer à la coutume anglaise, dont l'une, au reste, s'applique également aux substitutions par degrés.

La crise où se trouve aujourd'hui l'Angleterre vient de nous offrir l'exemple suivant :

M. Wentworth est un grand banquier de Londres, et possède, outre son portefeuille, des terres qui sont substituées. Tout à coup une multitude de personnes, cédant à une terreur panique, se précipitèrent dans ses bureaux pour faire acquitter un si grand nombre de billets, que sa caisse en fut-épuisée, et par conséquent ses paiemens se trouvèrent suspendus. Mais son fils et héritier (disent les journaux anglais du 15 décembre dernier) offrit aussitôt d'annuler la substitution, et de verser dans la caisse la valeur de la propriété foncière qui devoit lui revenir un jour.

Cet acte sauva peut-être sa famille d'une ruine totale, et n'eût pu avoir lieu sous l'empire d'une substitution par degrés. Ainsi, sans la latitude de la coutume anglaise, l'un eût été spectateur impuissant de la ruine de son père, et celui-ci n'eût vraisemblablement jamais pu acquitter les dettes de sa maison.

CONCLUSION.

» La loi proposée est donc demandée par la forme du gouvernement sous lequel nous vivons, et, en défendant le trône, elle consolidera nos libertés : elle va créer une grande corporation sous le titre d'aristocratie territoriale, seule aristocratie nationale ; elle protégera tous ceux qui désirent la paix ; elle est tout ce que pourroit craindre un monarque absolu, tout ce que peut désirer la France, et, au plus haut degré, constitutionnelle.

La loi n'a pas de but caché ; elle n'a pas été brusquée ; elle est réclamée ; elle ne blessera pas les droits acquis ; elle peut être du reste facilement évitée ; sa grande généralité, loin d'être un vice, est ce qui la rend tout-à-fait libérale, et ses effets seront bons.

La loi seroit parfaite si elle consacroit la coutume anglaise.

M. Dupin avoit, pour la discuter, le grand avantage de combattre sur son terrain ; s'il n'a pas su en tirer un meilleur parti, faut-il en accuser l'avocat ou la cause ?

Quant à l'aveuglement de nos libéraux, si toutefois ils ne savent pas bien clairement ce qu'ils veulent, on ne peut le comparer qu'à celui des Juifs, qui, dispersés, accomplissant une grande prophétie, et conservant jusqu'à ce jour des traits auxquels on ne sauroit les méprendre, persistent après dix-huit siècles dans leur erreur et leur éclatante infortune !

Mais, en dépit des libéraux, nous conserverons nos libertés :

LE ROI LE VEUT.

APPENDICE.

Blois, vendredi 10 mars 1826.

En me proposant de réfuter l'écrit de
M. Dupin, ai-je été trop sévère? Je reçois à
l'instant les nouvelles de Londres du 4 mars,
et je vais faire connoître comment M. Dupin
est jugé par le *Representative*, en me bornant
à une traduction littérale.

« Nous n'hésitons pas à dire (pour nous
» servir de l'expression en usage au Parle-
» ment) que rien ne peut être plus lamen-
» table que le plaidoyer de Dupin, et cepen-
» dant, parmi ceux qui s'opposent au rétablis-
» sement de l'ancien usage, il est sans contre-
» dit le plus habile. Nous ne parlons ici que
» de l'échantillon donné par le *Journal des*
» *Débats*. Peut-être que l'argument pris dans
» son ensemble n'est pas aussi absurde que
» les passages choisis dans le panégyrique
» qu'un de ses admirateurs y a inséré : mais
» qu'espérer d'un logicien qui, pour s'opposer
» au droit de primogéniture, tel qu'il doit
» être compris au 19ᵉ siècle, emploie la moitié
» de la discussion à examiner le cas d'Esaü et

» de Jacob, cite la loi des Douze-Tables, et
» ne trouve en leur faveur une autorité plus
» moderne que celle de saint Paul. Après
» avoir ainsi étalé son savoir et fait preuve
» d'une rare sagacité, il nous occupe des lois
» des Francs, de la loi Salique, des affaires
» de Pépin (en prenant pour guide Hénault),
» de quelques autres sottises relatives aux
» temps féodaux; puis, dit le *Journal des*
» *Débats, M. Dupin poursuit avec sa hauteur*
» *de raison accoutumée.* Ce qui suit est sans
» doute aussi misérable que le bavardage par
» lequel il a débuté. Mais convenons qu'on
» ne sauroit lui refuser l'à-propos. Les cou-
» tumes de 1826 devroient se régler d'après
» d'ignorans commentaires sur cet espace qui
» sépare Esaü de la fin de la dynastie carlo-
» vingienne. »

SUPPLÉMENT.

J'écris à quarante-cinq lieues de Paris, ce qui me fait perdre du temps. Le 3 mars, la brochure de M. Dupin m'est parvenue, et le 10 j'ai envoyé ma réponse à M. Le Normant, en le priant de me l'imprimer. Aujourd'hui 11, la poste m'apporte deux nouveaux écrits contre le projet de loi, et je vais dire un mot sur chacun.

1°. Dissertation sur le rétablissement du droit d'aînesse et des substitutions, par J. C. Persil, docteur en droit, et avocat à la Cour royale de Paris.

Page 7. « L'Evangile le proscrit (le droit » d'aînesse), et cette loi de Dieu consacre » entre les enfans d'un même père l'égalité » des partages. » De quel évangéliste est tiré ce passage ? A quel chapitre, à quel verset peut-on avoir recours ? L'auteur garde le silence, et ne sauroit le rompre.

Où le conduit cette fausse assertion ? A dire page 8, que « les Romains avoient deviné la » parole de Dieu. »

Page 18, nous trouvons un dégoûtant tableau de famille qui nous présente tout ce que l'humanité peut avoir de bas et d'atroce. « L'aîné, par un vil intérêt, ne le perdra pas » un instant de vue (son père), il en sera, » si l'on veut, plus démonstratif, plus cares- » sant, plus respectueux.......... De leur côté, » les autres enfans n'en seront pas moins dans » l'inquiétude jusqu'à ce que le père de famille » ait rétabli l'égalité........ Trop heureux si, » pour sortir de l'état d'incertitude dans le- » quel le projet laisse les uns et les autres, » état qui doit se prolonger jusques à la mort » du père, celui-ci ne devient pas la victime » d'un crime épouvantable ! »

Page 20. « Ce n'est pas chez un peuple qui » pèse, pour ainsi dire, tout au poids de l'or, » qu'on peut espérer d'introduire sans danger, » l'inégalité des partages. » Voilà qui est flat- teur pour les Français.

Page 6. « Vous aurez à vaincre, dit M. Per- » sil, l'esprit d'insubordination d'une classe » misérable et plus nombreuse, et qui, n'ayant » rien ou presque rien à perdre, sera toujours » disposée à se jeter dans la carrière des ré- » volutions. »

Mais le peuple même, dans la république, ne peut être riche, ce n'est pas son rôle.

Quelles sont les grandes garanties qu'un homme au-dessous de 5oo fr. de revenu en fonds de terre, c'est-à-dire ne payant pas 1oo fr., peut réellement offrir? En 1816, nous avions plus de treize millions de propriétaires de cette classe, et rien ne fait croire que le nombre en soit diminué. Notre nature et l'histoire doivent nous convaincre de cette vérité, que plus l'homme qui s'élève acquiert, plus il désire acquérir. Cette classe qui *n'a rien ou presque rien à perdre*, va-t-elle donc augmenter si rapidement, et sera-t-elle *misérable* si elle travaille? Pour *se jeter dans la carrière des révolutions*, il faudra que les portes lui en soient ouvertes; mais les substitutions vont les fermer, et *cet esprit d'insubordination* dont on nous menace, s'éteindra devant l'attitude que prendra le pays.

2°. De l'égalité des partages et du droit d'aînesse, par M. Duvergier de Hauranne, ancien membre de la Chambre des Députés.

Pour nous donner une idée du discours de M. le garde des sceaux, cet écrivain nous dit, page 12 : « Comment....... vient-on dire aux » Français : vous êtes trop heureux, trop unis, » soyez moins heureux et tant soit peu désu-

» nis, cela sera plus conforme au principe
» monarchique. » A la vérité nous trouvons
en note que *ce ne sont pas les expressions de
M. le garde des sceaux, mais la conséquence
de ses principes.*

« Avant la révolution (dit, page 42, M. Du-
» vergier en copiant *le Moniteur* du 6 février
» dernier), le temps moyen de la vie humaine,
» qui n'étoit que de trente ans, est à présent
» de quarante. » Mais à l'aisance, devenue
plus générale, ne faudroit-il pas ajouter les
heureux effets de la vaccine, et uue plus grande
salubrité du pays due à des coupes de forêts,
à des défrichemens, au dessèchement des ma-
rais, etc., et enfin au progrès de la civilisation?
En Angleterre, où existe la primogéniture,
on élève aussi beaucoup plus d'enfans aujour-
d'hui qu'on ne le faisoit il y a cinquante ans,
et plus de jeunes gens deviennent hommes.

Suivons M. Duvergier : « Un tableau qui
» vient d'être publié dans le *Journal des Dé-*
» *bats* prouve que la vie des hommes est plus
» longue dans les départemens où les pro-
» priétés sont très-divisées, et plus courte dans
» ceux où elles sont très-concentrées. » Ob-
jectons d'abord à ces deux superlatifs que la
propriété étant divisée dans tout le royaume,

il ne peut y avoir à cet égard entre les départemens que du plus ou du moins; d'après le
Journal des Débats du 19 février dernier, la
mortalité moyenne est pour les uns d'un individu sur quarante-six, et pour les autres, d'un
individu sur trente-trois.

Je comprends parfaitement, en nous ren-
fermant dans le cercle de la vie casanière des
campagnes, que nous puissions remarquer
parmi cinq cents propriétaires, par exemple,
moins de morts précoces que parmi cinq cents
paysans non propriétaires.

Mais éprouvant un sentiment de philan-
thropie bien naturel, seroit-il convenable
de nous y abandonner au point de distri-
buer de nouvelles terres aux indigens? Si
le *Journal des Débats* nous eût présenté un
second tableau indiquant le terme moyen de
la vie du paysan petit propriétaire, et le terme
moyen de celle des personnes tout-à-fait ai-
sées, nous eussions sans doute remarqué une
nouvelle différence tout aussi frappante en
faveur de la société; de là, déplorant le sort
des paysans payant 5o fr. d'imposition, eût-il
fallu conclure que par humanité nous devrions
nous cotiser pour augmenter leur bien-être?

La civilisation prolonge la vie de l'homme,

c'est un fait, et l'homme riche à cet égard a plus de chances que le pauvre, c'est un second fait. La civilisation donne de nouvelles formes au corps, une sphère nouvelle à l'esprit; c'est connu; elle augmente même les forces physiques au point qu'un Américain encore sauvage et tiré de ses forêts, peut à peine lutter contre un Européen, expérience qui fut répétée souvent; mais vouloir que tous les individus existans fussent également civilisés, seroit ramener le monde à la barbarie; vouloir que tous les hommes eussent les mêmes moyens de conservation, seroit signer l'arrêt de mort du genre humain.

Je vais trop loin, me dira-t-on; eh bien! revenons au tableau présenté par le *Journal des Débats.*

Sur les cinq cents paysans que j'ai supposés propriétaires d'un champ et d'une cabane, cent peuvent mener la vie la plus oisive et ne pas mourir de faim.

Si, sur les cinq cents non propriétaires, cent se livrent à la paresse, soit par inclination, soit par le mauvais exemple; la misère s'en empare, et les décime promptement. Si les quatre cents autres sont laborieux, qui serviront-ils pour la plupart du temps? Des paysans propriétaires, parce que ces derniers sont nombreux, même dans nos provinces les moins morcelées. Mais de tels maîtres sont reconnus pour être les plus durs, et la rigueur d'hommes qu'ils valent personnellement, qui ont leurs idées, leurs mœurs, leur mise, leurs habitudes ; que l'éducation ne distingue pas, et qui savent à peine écrire (comme nous le dit M. Dupin), les révolte, les dégoûte, les décourage, et est capable de les jeter dans mille travers.

Je pense donc que la division des propriétés permet la paresse à un grand nombre d'habitans, et que la concentration la punit ; que la paresse agite en sens direct sur la mortalité de nos départemens, et que ses effets y sont d'autant plus sensibles, que le travail y est plus nécessaire au bien-être des individus, ce qui revient à dire qu'il meurt en effet plus de monde là où la terre est moins divisée.

Ce mal n'est donc pas un résultat direct du droit d'aînesse, mais de l'absence d'énergie des individus.

Serviteurs de ce que les paysans appellent eux-mêmes *un monsieur*, les non propriétaires ne seroient-ils pas mieux nourris, mieux trai-

tés, soignés dans leurs maladies, etc., ne ser-
viroient-ils pas avec plus de plaisir, ne pro-
fiteroient-ils pas de mille douceurs que je ne
puis énumérer, ne se poliroient-ils pas, en
rapport avec des gens au-dessus d'eux?

Je conclus donc que, vu les grands progrès
de la civilisation moderne, et que, prenant la
France comme elle existe aujourd'hui, la concentration partielle détermine à la vérité un
surcroît de décès ; mais qu'une concentration
plus générale tendroit au contraire à protéger la vie des hommes.

« La division des propriétés, dit aussi
» M. Duvergier, amène un accroissement pro-
» gressif de la population. » Ce témoignage est
emprunté à M. Benoiston de Châteauneuf qui
s'est exprimé plus positivement, car ses expressions sont que la population *augmente
rapidement.*

Travaillons à conserver la vie des hommes,
mais ne soyons pas assez fous pour désirer
un excès de naissances, qui, loin de nous en-
richir, deviendroit un fardeau. Le Roi de
France n'a-t-il pas assez de 3o,ooo,ooo de
sujets? Quel est en effet l'économe qui, à quelques arpens de bonnes terres, iroit préférer
un terrain vaste, mais peu productif? Provo-

quer un surplus de population, et entretenir les élémens de cette multiplication dangereuse, doit nécessairement finir par amener une réaction dans un pays dont l'étendue est limitée, et qui ne pourroit s'agrandir qu'aux dépens de contrées déjà peuplées. Buonaparte avoit su remédier à cet état de choses ; son antidote étoit la guerre.

Que Dieu nous préserve de la rapidité avec laquelle l'Amérique semble se créer des habitans ! Que deviendrions-nous si Paris se quintuploit en trente-cinq ans, exemple que nous offre New-Yorck, et si de nouvelles cités s'élevoient sur notre sol avec cette inconcevable rapidité qui caractérise le Nouveau-Monde ! Voici ce que nous rapporte le *New-Times* du 9 décembre 1825 : « Deux hommes » blancs, un mulâtre, deux femmes et deux » enfans arrivèrent le 9 avril 1824 au matin » sur une éminence du territoire de Tala- » hassée en Floride, où ils dressèrent leur » tente. Dans l'après-midi ils commencèrent » à bâtir la première maison qu'ait jamais vue » le Talahassée, et le même soir arrivèrent un » M. Robinson, juge de paix, ainsi qu'un » M. Maccall, avec des ouvriers pour ériger » un bâtiment destiné à un conseil-législatif !

84

» dix-sept mois après ce premier campement,
» Talahassée étoit une ville de cinquante mai-
» son, possédoit une église, une école, deux
» auberges, sept magasins, une imprimerie,
» trois tuileries, etc. » Il est vrai qu'après
cet étonnant exemple d'activité, nous trouvons cette phrase. « Il faut le dire, la mora-
» lité en Amérique fait des progrès bien moins
» rapides. Les crimes y sont fréquens, quelque-
» fois ils sont énormes, et la religion, quoique
» reconnue, n'y exerce pas cette autorité
» qu'elle commande. »

Seize pages de l'écrit de M. Duvergier sont
consacrées au *morcellement de la terre*.

« L'expérience prouve, dit-il, pag. 47, que
» depuis vingt ans le morcellement des
» terres n'a pas fait de grands progrès en
» France. » Qu'appelle-t-il ne pas faire *de
grands progrès?* une assertion de cette nature devroit être soutenue par quelque autorité.

Ce que M. Duvergier dit de l'Angleterre a
été pris dans M. de Staël, ainsi que son
passage sur l'Irlande ; comme lui il cite aussi
la Toscane (pag. 39) en faveur de la division.

M. Duvergier a aussi lu la brochure de
M. Dupin ; on retrouve çà et là des preuves

d'une mémoire fidèle, et une partie de sa cin-
quante-quatrième page rappelle presque mot
à mot, non pas une de ces idées que le sujet
peut faire naître à tout le monde, mais la
crainte de nouvelles innovations pour l'année
prochaine, exprimée par M. Dupin, pag. 10.

En parlant de la loi proposée, que M. Duvergier nomme : *une conjuration ourdie
contre la France*, il dit, page dernière : « Et
» peut-on croire que les Français ne compa-
» reront pas leur condition dégradée avec la
» noble indépendance des citoyens de l'An-
» gleterre, des Pays-Bas et des républiques de
» l'Amérique ? » Quel singulier mélange ! cette
phrase feroit bien rire les Anglais !

Ces deux derniers écrits retombant en général dans les idées offertes par celui qui les
a précédés, j'ai lieu de croire la question
épuisée.

Attendons maintenant ce que vont faire les
Chambres, et rappelons-nous ce que le Roi a
dit en ouvrant la session :

« Vous ne serez pas plus émus que moi de
» ces inquiétudes irréfléchies qui agitent en-
» core quelques esprits, malgré la sécurité
» dont nous jouissons. Cette sécurité ne sera
» pas compromise, Messieurs ; comptez que

» je veillerai avec une égale sollicitude à tous
» les intérêts des libertés légales ; au maintien
» de l'ordre et à la repression de la licence. »

FIN.

TABLE DES MATIÈRES.